668个可写的梦

姜涵 著

北京联合出版公司

你去过的最美的地方。	你在旅途中遇到的趣事。
你珍藏至今的东西是什么?	你做过的让家人骄傲的事。

写写你的软弱之处。	为自己选一个代表色。
你最后悔的事是什么?	你藏在心底的小秘密。

你的自画像。

为自己设计一件礼服。

你看晚霞的浪漫体验。

如果条件合适,你最想养什么宠物?

你喜欢山还是海? 为什么?

写下"感觉自己被利用"的瞬间。

写下"感觉自己被爱着"的瞬间。

描写一下你最害怕的某样东西。

写写你记忆中的儿童节。

你最想和什么动物做朋友？为什么？

你每天都必须做某件事,否则……

向一个你讨厌的人做自我介绍。

聊聊对你影响最大的老师。

说说陪伴你时间最长的朋友。

人生的至暗时刻,你是怎么度过的?

每次一想起来就想哭的事。

你背包里必带的三样东西。

有人在敲门,你希望是谁?

给你最讨厌的人发条信息,告诉对方一个坏消息。

你发现自己被昔日好友拉黑了,发生了什么?	遇到心动对象,你会主动追求还是被动等待?为什么?
描述你与伴侣的一次深夜对话。	什么原因会让你选择结束一段关系?

你是一个有原则的人吗? 你认为不可破坏的原则是……

你梦想中的婚礼是什么样的?

你与挚友的一次激烈争吵。

和挚友分道扬镳的原因。

你必须删除三个人的联系方式,你都会删除谁?

被人冒犯时,你的第一反应是什么?

你永远不想让父母知道的事是什么?

你童年时最喜爱的玩具是什么?

你更爱吃香蕉还是菠萝?为什么?

你超常发挥的一次吵架。

你愿意贷款买房吗?

过年回家,亲戚问你工资多少,你怎么回答?

你做过的最自私的决定。

你做过的最无私的决定。

你希望明天发生的一件事。	你希望不曾发生的一件事。
描述你刚刚吃过的一种食物。	说说自己遇到的或者听说过的一次奇葩相亲经历。

春节这天,你最期待的事情是什么? 最抵触的呢?

描述你的大学给你的第一印象。

你认为人际关系中最难处理的是什么?

分享一次有趣的面试经历。

离职前,你会对直属上司说什么?

说说最近你听到的一个"八卦"消息。

让你心动的瞬间。

分手后,你最怀念对方的一点是什么?

画出你八岁时的发型。

画出你八十岁时的发型。

你上司的"罪状"。	离职后,你会删掉同事的微信吗?
你是如何化解尴尬的?	你会做什么来缓解日常焦虑?

让你感到羞耻的时刻。

参加大学社团活动的经历。

你职业生涯中的高光时刻。

你对什么感到不屑？

你对什么感到骄傲？

俗话说"冬至大如年",你记忆中的某个冬至发生了什么?

你是"完美主义者"吗?为什么?

描述你心目中的灵魂伴侣。

让你在情与理之间摇摆不定的事。

你最常使用的三个社交软件。

你最想挑战的极限运动是什么?

你用赚到的第一笔工资买了什么?

你曾经犯下的无可挽回的错误。

你觉得学校需要改进的方面有哪些?

你觉得公司需要改进的方面有哪些?

跟你渐行渐远的那位朋友。

被人背叛的时候,你心里是怎么想的?

你接受过的来自陌生人的善意。

你最喜欢的运动。

你跟前任分手的原因。

记忆中的香薰的气味。	你拍下的最有意思的照片。
你的拿手菜。	让你内疚的一件事。

你感到自己被轻视的时刻。

你感到自己被尊重的时刻。

你旁观过的一次吵架。

你拉过的一次偏架。

与志同道合的伙伴一起拼搏的经历。	输掉比赛的时候,你的心情如何?
被人冤枉时,你是如何自证的?	你目击过的骇人事件。

| 一天中你最喜欢的时刻。 | 记忆中的新年的鞭炮声。 |

| 夕阳洒在身上,勾起了你的什么回忆? | 仰望星空时,你想起了谁? |

你遭受过的区别对待。

你多久会进行一次线下社交活动?一般会做什么?

吃年夜饭时，你被要求站起来发言。

你最常使用的五个网络用语。

明知不可为而为之的事。

爱而不得的痛苦与酸涩。

让你感到如坐针毡的时刻。

某个初雪的日子,发生了什么让你终生难忘的事?

如何跟家人说你想辞掉稳定工作,成为一个自由职业者?

潜水时看到的景象。

你喝醉时是什么样子？

你经常梦到的场景是什么?

描述你的一次顿悟。

老是被家人念叨，你却改不掉的一个坏习惯。

你异于常人的某一点。

你的口味因为什么而改变了?

你穿旧了仍舍不得丢的一件衣服。

描述一下你理想中的房间。

___

你做过的借花献佛的事。

你第一次独自出门远行是什么时候?

给你留下童年阴影的一件事。

有朋自远方来,你准备怎么迎接?

你会把自己拟物成什么？为什么？

问问妈妈在不同人生阶段的经历，并把它写下来。

最近发生的让你鸡皮疙瘩掉一地的事。	你引以为傲的一项技能。
你的第一份工作做了多久?为什么离职?	你丢失过的最宝贵的东西是什么?最后找回来了吗?

为即将到来的假期列一个游玩计划。

描述你的偏见被打破的经历。

你偶遇过的名人。

你做过的最疯狂的事。

你有过背水一战的经历? 结果如何?

去鬼屋玩的经历。

你最近一次与陌生人交流的有趣经历。

描述你在图书馆里的偶然发现。

画出你的守护神的模样。

画出自己的眼睛。

画出你的生肖。

你花过什么冤枉钱?

你买过的物超所值的东西。

说说你最喜欢的城市及其原因。

说说你最喜欢的季节及其原因。

晕船的感觉。	手忙脚乱的时刻。
跟火有关的记忆。	你无意间听到的邻居家的秘密。

写下你不敢相信的十件事。

写下你信以为真的十件事。

你做过的噩梦。

你做过的预知梦。

梦游的经历。

你出门前会反复确认的事。

你爱吃的几种小饼干。

想象一下自己的老年生活。

你做过的"赠人玫瑰,手有余香"的事。

让你沉迷的游戏。

你所在的行业有什么特点?

描述你合作过的难伺候的甲方。

列出你作为乙方的自我修养。

相约的人久等不来，你会怎么办?

一次深夜打车的经历。

最让你后悔的一个谎言。

脑海中的虚假记忆。

让你相信"缘分"真的存在的一件事。

让你相信"报应"真的存在的一件事。

会让你强迫症发作的事。

让你觉得"可爱"的人、事、物。

你对一个人的最高赞美是什么?

"对方正在输入",你觉得对方在写什么?

消息发错群了,而且无法撤回,你该怎么补救?

你见过的最有意思的网络流行语是什么?

你无法理解的网络流行语是什么?

看到陌生号码打来的电话，你会接吗？

久未联系的朋友发消息问你"在吗"，你会怎么回复？

关于"你没有查看权限",你想说……

目前为止,对你人生影响最大的一次决定。

失而复得的欣喜。

你人生的第一个梦想是什么? 后来实现了吗?

你总是说错的词。

一次"误会"。

描述你此刻的穿搭。

让你觉得虚惊一场的事。

路边摆摊的经历。

因为认错人而引发的一连串事件。

你跟导游的二三事。

写出你喜欢的花语。

你会对临时爽约的人说什么?

不上班的那一年,你是如何度过的?

八竿子打不着的两个朋友竟然互相认识,这让你很吃惊。

打破你对权威的迷信的事。

你克服拖延症的方法。

你爱玩的谐音哏。

感受到自己被大数据支配的瞬间。

一件别人觉得很难坚持但你愿意每天去做的事。

你知道的冷知识。

你最喜欢我们国家哪个朝代的服饰？

不考虑周围人的眼光，你最想把头发染成什么颜色？

你家附近有什么让你感到惊喜的事物?

一个看似无用却帮了你大忙的小习惯。

你永远也吃不腻的食物是什么？描述一下它的口味。

童年时特别喜欢吃但现在消失了的零食。

你心中的黑暗料理之最是什么？

你在公共交通工具上的奇遇。

发现自己并不是自己想象中的那样的瞬间。

你所在的城市有哪些小众景点?

睡觉前的半小时你会做什么?	你经历过的文化冲击。
你见过的最有意思的店名。	你在街头看到的温馨场景。

你在餐厅吃饭时的有趣见闻。

回忆你与家人最近的一次谈心。

你在动物园的奇妙经历。

你一想到就会捧腹大笑的事情。

你觉得自己有哪些尚未被别人发现的优点?

如果给自己最爱的人选三件礼物,你会选什么?

你最想收到的生日礼物。

| 你搞砸了…… | 一句你从未对任何人说过的话。 |

| 当你遇到困难时,你会选择向谁寻求帮助? | 你最不愿意失去的人。 |

预测你五年后要面临的个人挑战。

描述五十年后的家乡。

让你从厌恶到喜爱的人。

让你从喜爱到厌恶的人。

你与父母完全相同的三个方面。	你与父母完全不同的三个方面。
你不会向家人朋友倾诉，但会在网上倾诉的事。	让你一想起来就很"社死"的糗事。

你曾经避之唯恐不及但接触后觉得特别好的东西。

你曾经视若珍宝现在却觉得不过如此的东西。

一件颠覆你世界观的事。

遭受重大失败时的感受。

取得巨大成功时的感受。

你的精神食粮是什么?	去唱卡拉OK时必点的曲目。
用三个词描述你的音乐鉴赏能力。	你使用时间最久的闹铃声是什么?

你会唱的最拿手的歌。

你最喜欢的乐器。

不要说出物品的名字,只描写这件东西的特征。

你接下来要去看谁的演唱会?

心情不好时,你的歌单是什么?

为喜欢的一首歌重新填词。

写一段鸡同鸭讲的对话。

你最喜欢的《聊斋》故事是什么？试着改写一下故事结局。

用一段话写写"衣锦还乡"。

你喜欢的动画人物是哪个？为什么？

你喜欢的漫画作品是哪本？为什么？

以对话的形式，写出"垂涎欲滴"的感觉。

写一个关于"吃得苦中苦，方为人上人"的幽默故事。

写一个新的"龟兔赛跑"故事，故事的结局是乌龟和兔子都死了。

你必须给李白写一封"退稿信",你会怎么写?

以"灶王爷"的视角,写一个关于春节的故事。

不能使用关于色彩的词汇,描写"万紫千红"。

用白话文写出"飞流直下三千尺,疑是银河落九天"的意境。

模仿张爱玲的文风写一段话。

赞美你最喜欢的一位导演。

赞美你最喜欢的一位演员。

《红楼梦》里你最喜欢的人物是谁?为什么?

以《西游记》中白骨精的视角,写一个"三打白骨精"的故事。

写一首以"清明"为主题的现代诗。

写出你喜欢的关于"月亮"的古诗词。	用一句话描述"秋色"。
画出"华灯初上"。	模仿《红楼梦》的行文写一段话。

私密日记的第一页

写了什么?

你最喜欢的纯爱故事。

你最喜欢的悬疑小说。

写一段对话,表现出对话者互相

试探的状态。

描写一个让人不寒而栗的场景。

给你的猫写一封感谢信。

以沙漠中的某种动物为主角,写一个冒险故事。

你最近在追什么剧?为主角写一个人物小传。

以"中秋"为主题,写一则怪谈故事。

| 描写一种乐器的声音,不要说出乐器的名字。 | 写一首诗,诗中要出现"猫、糖、自由、水、咖啡、爱"这些字。 |

| 你最喜欢的反派人物是谁? | 你最喜欢的电影配角是谁? |

| 写一个关于沉沦与救赎的故事。 | 写一个关于自闭症家庭的故事。 |

| 写一个关于一棵会跳舞的树的故事。 | 写一个所有人只能说真话的故事。 |

你生活的地方有什么古老的习俗?

你认为应该抛弃的陋习是什么?

给你的初中班主任写一封匿名信。

你是"梁山好汉"中的哪一个？为什么？

形容一下春日阳光照在身上的感觉。

你看过的超越原著小说的影视作品。

用华丽的文风写一段话。

用简约的文风写一段话。

写下三句含"雨"字的古诗。	写下三句含"鸟"字的古诗。
写下三句含"海"字的古诗。	写下三句含"雪"字的古诗。

画出以下四种表情：嫉妒、欣慰、迷惑、惊讶。

画一个"妖怪"。

形容一下蓝色给你的感觉。	形容一下绿色给你的感觉。
形容一下橙色给你的感觉。	形容一下红色给你的感觉。

你的奶奶跟你讲了自己年轻时的爱情故事,请写下来。

在生命的尽头,你会如何处理自己的数字遗产?

你读过的有独特世界观的文学作品是什么?

以"明天又是新的一天"为开头写一个故事。

如果现在让你写一封遗嘱,你会怎么写?

给你楼上的邻居写一封信。

重写牛郎织女的故事。

改写《杜十娘怒沉百宝箱》。

为你开发的一款APP撰写卖点。

世俗社会的五个禁忌。

写一个故事,故事的结尾是"她吻了他"。

写一个故事,故事的结尾是"他吻了她"。

给你曾经丢失的某样东西,写一段悼词。

描绘"春江水暖鸭先知"的意境。

写一下猪八戒和嫦娥在一起之后的故事。

用"书""卧底""菜市场""鞭炮"这四个词写一个故事。

描写一下"挥金如土"的感觉。	用一句话写出一个惊天秘密。
"没苦硬吃"是什么体验?	以"恭喜发财"为开头,写一首藏头诗。

写一个让人"喜不自胜"的场景。　　如果可以来一次影视圣地巡礼,
　　　　　　　　　　　　　　　　你会去哪里?

描述一下理想的田园生活和真实　　假如你是书店老板,列举
的乡村生活。　　　　　　　　　你想在店里重点展示的书籍。

写一个让人"痛不欲生"的场景。

以"黄瓜"为主人公,写一个悬疑故事。

一个关于"聪明反被聪明误"的故事。

写一封表白信。

以"时间回到了初遇的那天"为开头,写一个悲剧故事。

以"夏日、萤火、风铃"为关键词,写一个恐怖故事。

写一封信给十八岁的自己。

重写"小红帽"的故事,这一次,小红帽把大灰狼骗了。

以"是的,我撒了一个谎"为开头,写一个故事。

翻开你手边的一本书的第六十页,用该页的第一句话作为开头,写一个故事。

给你最想"寄刀片"的编剧写一封控诉信。

你最喜欢的文学意象有哪些?

画出你想象中的"饕餮"。　　　　　　　画出你的星座的星象图。

画一下月相变化图。　　　　　　　画一个元宵花灯。

画出这四种味觉：酸甜苦辣。

画出五行生克的关系图。

说说你最喜欢的中国传统节日及其原因。

写下影视或文学作品中最让你感同身受的一句话。

写下影视或文学作品中最让你醍醐灌顶的一句话。

北京的胡同见闻。

如果给十二生肖重新排位,你会怎么排?

列举一下你认为是狗尾续貂的作品。

江南小巷中遇雨。

将《灰姑娘》和《海的女儿》融合为一个故事,试写一下。

以"等待"为主题写一首绝句。

你现在依然觉得好看的童年时期的电视剧是……	你读过最多遍的书是哪本?它为什么如此吸引你?
为你看过的烂片写一篇推荐稿。	你老是写错的字,在这里记下正确的写法。

以"红"为主题写一篇小故事。

让人眼前一亮的小说开头。

你的缪斯。

看过五遍以上的电影。

你想成为哪个电影角色或小说人物?

模仿《爱莲说》为你喜欢的人写一篇赞美文。

你觉得演员的演技和颜值哪个更重要?

你见到喜欢的漫画家,会跟对方说什么?

一到秋天你就会重温的影视剧,它是如何跟秋天绑定在一起的?

别人送你的一本书,你至今没有翻开看过。根据书名猜测一下故事内容。

为自己写一首十四行诗。

写一段对话,用上这些词:走马灯、镜子、蝴蝶、皮影戏。

写下你心中的宝黛结局。	写下一些"血脉觉醒"的时刻。
用一段话来表现"欲言又止"。	写写你在文学作品中感受到的"美"。

对于"既生瑜,何生亮",你的解读是……

让你意难平的故事结局。

给小说投稿人写一封拒稿信。

以"夏天结束了"为开头写一段对话。

描述一朵云的形状变化。

夏草随风摇摆的声音。

看书的时候，被作者的文字骗到了，但你觉得很开心。

如果可以"穿越"到一部电影中，你会做什么？

最让你意想不到的反转剧情。

现实中的"楚门的世界"。

旧书中夹着的小纸条。

以全知视角写一写今早发生的事。

晚上失眠时,你在手机备忘录上写下这些文字:

以第一人称写一写濒死的感觉。

用颜文字描述你现在的心情。

给自己起五个笔名。

你的自传的第一句话会是什么?

从"天"字开始成语接龙。

用一件事来表现"夏虫不可语冰"。

看电影时,你身后的两个人一直在窃窃私语,你决定……

你觉得一部电影名不副实,为什么这么觉得?

有剧组在你家附近拍戏,是谁在拍什么戏?

你获得了"最佳表演奖",写出获奖感言。

写一写"离愁",用上至少三个拟声词。

选一个童话故事写一篇故事新编。

讲述你与书的缘分。

你对"君子之交淡如水"的理解。

用你能想到的所有形容词，描述一下夏天。

用自己的话讲述一下苏武牧羊的故事。

你最喜欢的关于九尾狐的故事。

令你印象深刻的电影台词。

你喜欢的跟季节相关的歌曲。

你学会背诵的第一首古诗,还记得吗?

续写一段《阿Q正传》。

用五种文字写下"我爱你"。

给弗洛伊德托个梦。

有什么技能是达·芬奇不会的?

说起"今晚月色很美",你想到了什么?

画一只戴珍珠耳环的猫。

画出"薛定谔的猫"。

画出"巴甫洛夫的狗"。

画出"达·芬奇的鸡蛋"。

画出文森特·凡·高的左耳。

举例说明"汉字的顺序不一定影响阅读"。

写一下你与AI最大的区别。

写一首短诗,只能使用动词。

写出几个看似植物实为动物的名词。

以"她变成了提线木偶"为开头写一个故事。

以鱼缸中的金鱼的视角写一个短故事。

茴香豆的"茴"有几种写法?

你是住在书中的精灵,在暗中观察翻开书的人,描述一下你的所见所闻。

你最喜欢的一本书找不到了,它会在哪里?

你是一名外星人,想对地球人说什么?

一个关于移民火星的计划正在招募志愿者,你会参加吗?

假如被困在鲸鱼的腹中,你要怎么逃生?

你在月夜下飞行,看到了什么景象?

作为HR，你准备问面试者哪些问题？

假如你是白龙马，你因为脚疼跑不动了，该怎么办？

假如有时光机,你想去哪一年?

如果梦可以买卖,你会买什么梦?

庄子变成蝴蝶飞走了,然后呢?

你遇到一只"胆小鬼",它非常胆小,以至于……

描写一下"龙宫"。

描写一下"水怪"。

如果可以,你想成为什么动物?

和老虎相比,你的优势是什么?

生活就像……

以"糟了！他疯了！"为开头，写一个童话故事。

以"我不会原谅你"为结尾,写一个爱情故事。

苍蝇搓手的时候在想什么?

以"雨天、金鱼、诸葛亮"为关键词,写一个悬疑故事。

你与魔鬼的一个约定。

有一天,你发现自己来到了小人国。

午夜的时钟敲响了，世界旋转起来。写下这个故事。

某天醒来时，你发现自己睡在一个陌生的地方，据此写一篇搞笑故事。

有一天，你的手机对你说，它知道你的所有秘密。

你发现自己长出了鳃,可以在水里自由地呼吸,然后呢?

某天,你的袜子、手套、耳机全都只剩下一只,发生了什么?

你将制作一款怪味饼干,你所用的原料是什么?写下制作过程。

你接到一个让你心跳加速的电话,对方说……

你收到一封让你彻夜难眠的信,信上说……

在一个雷雨交加之夜,你向窗外望去,看见……

如果人类没有语言和文字,但有思想,这个世界会是什么样?	有一天,地球上的所有物品都会说话了,写出五种物品可能会说的第一句话。
如果时间可以像放电影一样快进和快退,你会用来解决什么问题?	如果可以让时间停留在某一天,你会选择生命中的哪一天?

以"这明显不正常"为开头,写一个故事。

春天播种,秋天收获了……

三十秒可以干哪些事?

平行时空的你现在正过着怎样的生活?	五个证明外星人存在的证据。
假如世界上的所有计时工具都不见了,会发生什么?	如果一周变成了六天,是哪一天消失了?

如果遇到孙悟空,你想对他说什么?

如果猪八戒会念紧箍咒,他会……

你是一只蚂蚁,描述你看到的世界。

写下关于人类未来最疯狂的设想。

如果人生重启至十岁,你会干什么?

以"百兽之王"的视角,描写一个清晨。

如果可以让一个人消失,你会怎么办?

你想做唐僧的"西行顾问",写一封求职信。

如果可以让时间暂停五分钟,你会在这五分钟内做什么?

如果猪八戒有微信，他的朋友圈个性签名会是什么？	苏东坡的朋友圈是什么样的？
如果孔乙己有微信，他的朋友圈个性签名会是什么？	如果鲁迅穿越到现在，他还会弃医从文吗？

以逝去之人的视角描述这个世界。

如果可以,你想生活在……

你来到了仙侠世界,首先要学习御剑飞行……

如果可以随意变小，你会做什么？

某个品牌邀请你代言，是什么品牌，为什么？

一百年后，人们会用什么进行支付？

两只蜘蛛的对话。

如果马云邀请你参加私人晚宴,你觉得会是因为什么?

寒号鸟的一个梦。

有一种吃了可以长高的药,但有副作用,你会吃吗?

"您拨打的电话正在通话中。"接下来电话里传来的一句话让你大吃一惊。

作为一个双面人,你的双面分别是什么?

如果能够复活一位历史人物,你会选择谁?为什么?

某个神话故事中的人走进了现实。

李清照遇到花木兰,她们会聊什么?

写下王熙凤和唐僧的一段对话。

吃早餐时,你的手机弹出了一条爆炸性新闻,出什么事了?

一觉醒来,你变成了猫。

午夜时分，你忐忑地等待那个人到来。

如果你对笑声"过敏"，该怎么办？

以阴阳怪气的口吻，向你的对手表示感谢。

设计一个关于甜点的盲盒。

描绘一个所有人都有异能的世界。

林黛玉遇到简·爱,她们会聊什么?

设计一个未来的交通工具。

设计一个新春红包。

给你的玩具娃娃打个欠条。

画一个梦。

你听到了萤火虫的私语。

如果可以掌握一种魔法,你希望是什么?

没能变成白天鹅的那只丑小鸭最后怎么样了?

以"幽灵"的视角,写写你的房间。

给你的老板发一封匿名邮件。

半夜你来到甲板上,看见了海上的怪象。

一百年后,人类最渴望拥有的是什么?

你发现人工智能有了意识,你是如何发现的?

想象唐代人的一天。

用自己创造的火星文记录你今天最想记住的事情。

按照你的想法重新安排一下全年的节假日。

一只猫头鹰落在你的肩头,它对你说……

你家门口出现一个礼盒,是谁送的?里面是什么?

一头传说中的巨兽正在苏醒,会发生什么?

茫茫雪地上有一双奇怪的脚印,是谁的脚印?

年轻的理发师,原来有另一个身份……

一个熟人面无表情地从你身边走过,推测这个人此刻的想法。

从学校回到家时,发现家里的一切都变了,发生了什么?

你最希望在什么时候以什么样的方式迎接死亡?

你曾经苛待的下属变成了你的面试官,你要如何争取这份工作?

假如性别不存在,这个社会将会怎么样?

如果世界上没有疾病,会发生什么?

如果断网一周,你会如何度过?

如果不小心看到妈妈的购物车，里面会有哪些东西？	参加一次法院旁听，把过程和感受记录下来。
如果你是一名短剧编剧，你会写一个什么样的故事？	如果你是一名演员，你会出演怎样的角色？

如果你是一名发明家,你会发明什么?

五感中你最不愿失去的是哪一个?

如果有机会学一样中国非物质文化遗产技艺,你会学什么?

一个人无意间伤害了自己的朋友,写下这个人的道歉信。

一个人伤害了自己的朋友且丝毫没有悔意,写下这个人为自己辩解的话。

如果拥有一座城堡,你会如何布置它?

如果拥有一家店铺,你会卖什么?

如果拥有一颗星球,你会如何命名它?

如果可以删除痛苦的记忆,你会不会这么做? 为什么?

如果拥有一台3D打印机,你最想打印什么?

如果拥有一座小岛,你会如何开发它?

如果你是一名记者,你最想报道哪个领域的新闻?

写下五仁月饼的自白。

想象一下油炸蟑螂的口感。

如果你是孔子的学生,跟你最投缘的同门会是谁?为什么?

描述一下住江景房的感受。

走红毯时,你的鞋子突然坏了,怎么办?

你想体验的各种职业。

扶老人过马路,结果……

给你一次机会,重新设计输掉的那场吵架的台词。

遗愿清单。

你的心口开出了一朵花,是什么花?

描述小狗闯祸后的表情。

你穿着玩偶服走在街上,一个奇怪的人向你伸出手。

你变成了圣诞老人的一头驯鹿,该如何跟其他驯鹿相处?

_____

_____

_____

_____

_____

假如你的生命已进入倒计时阶段,你觉得当务之急是什么?

_____

_____

_____

_____

_____

你成了推理小说里的反派人物,你打算如何阻挠侦探的工作?

_____

_____

_____

_____

_____

想象自己是一盆正在进行光合作用的绿植。

你穿过一条长长的隧道,在出口处看到了……

雨天,你看到路边有一只青虫正拱起背向前爬,你会怎么办?

如果让你采访一位历史人物,你会采访谁?列出你的采访提纲。

有飞船降落,里面走出一位须发皆白的老人,说要接你去桃花源,你会去吗?

去探险的时候,你在山洞的岩壁上发现一行大字,写的是什么?

你误入迷宫,必须付出一定的代价才能出去,代价是什么?

偶然发现了长生不老药,你要怎么处理它?

因为吃了蘑菇,看到小人儿在跳大神。

如果你会瞬移,你要将这项特异功能用在何处?

有一天,你的猫开口说话了。

早起照镜子时,你发现自己一夜白头,这是怎么回事?

独自走夜路时,你听到身后有脚步声,回头一看,发现……

在昏暗的灯光下,你跟自己的影子之间发生了如下对话:

你夜观天象时,发现情况不妙,要出什么事?

如果世界各国的人都说同一种语言,会发生什么事?

写下你见过的最妙的翻译文字。

你去横店当群演时,都经历了什么?

你是新手导演,电影还没拍完,投资方破产了,你该怎么办?

舞台剧谢幕时,有个演员摔倒了,作为剧院工作人员,你的第一反应是……

你在老屋抽屉里发现一枚铜钱,查了一下,发现很可能是文物,你将……

你接到一个诈骗电话,决定跟对方周旋一番。

你在许愿树下,看到了写着自己名字的许愿牌。

走在路上,一个道士神秘兮兮地向你搭话。对方说了什么?

飞机穿过云层时,你看到了惊人的一幕,是什么?

在海上时,海浪卷起很多鱼拍在船上,你会怎么办?

春季踏青时,有人请你帮忙拍照,你不小心把对方的相机摔了。

你去寺庙求签,签文是什么?

你看别人钓鱼看了大半天,发现一个规律。

某天,月亮从你的世界里消失了,你该如何找回它?

嫦娥在广寒宫是如何打发时间的?

你重生成了李白的书童,朗诵他即将写出的传世之作时,不小心被他听到了。

你是沙僧,虽然平时话不多,但心里也有很多想法,比如……

常去的水果店关门了,门口贴了一张纸,上面写着:

你梦到自己正在做梦,跟梦中的自己来一场对话。

遇到乞丐，你打算怎么办？

想一个办法帮助葫芦娃救爷爷。

你走在长安城的大街上，看到了一位大人物，那是谁？	故宫的珍妃井会让你联想到什么？
作为侦探，你是如何识破凶手的作案手法的？	假如你变成了兵马俑……

一只鸟落在景山的歪脖子树上,然后……

上帝为你关上了哪扇门,又打开了哪扇窗?

月球漫步。

小熊猫和小浣熊之间发生的对话。

你变成了北极熊,发现了跟自己的皮毛相关的秘密。

闭上眼睛的时候,你仍然能看到……

你意外成了网红,这时有人来采访你……

你有五百万,打算怎么花?

同学聚会上,你看到了当年暗恋的那个人,这时对方向你走来……

在路上偶遇中学时的老师,你一眼就认出了对方,对方却没认出你,这时……

你怀疑自己得了阿尔茨海默病,于是开始悄悄验证……

你最想跟谁互换灵魂?互换之后,你想做的第一件事是什么?

如果有去太空旅行的机会,你最想带上谁?

如果可以和一位作家共进晚餐,你会选择谁?

你更想成为孙悟空还是哆啦A梦?

如果给你选择的机会,你想成为哪种生物?

想象一下"无纸化"世界。

如果有机会跟自己的偶像共度一天,你会怎么安排行程?

如果有一副可以听到别人心声的耳机,你会……

如果熊猫进化了,会进化成什么样子?

如果你突然失声了,你要怎么与人沟通?

你有从众心理吗? 做过什么随大流的事吗?

水至清则无鱼, 你认同吗?

你支持"人性本善"还是"人性本恶"?

你对"存在即合理"的理解。

关于"房间里的大象",你怎么看?

你理解的作为人的"主体性"。

你认为自由有代价吗?

写写你理解的"配得感"和"不配得感"。

"吃苦"是好事还是坏事?

为什么出名要趁早?

你理解的"每个人都是自己人生的主角"。

列举你认为不合理的社会规范。

你相信哪种主义,该主义的要旨是什么?

你在与他人交往时,感受到的权力关系是怎样的?

原生家庭是伪命题吗?

男女之间有纯洁的友谊吗?

人类应不应该干预自然进化?

人工智能可以取代人类吗?

科技是如何影响我们的生活方式的?

文化是如何影响我们的审美观念的?

我们的消费习惯是如何被塑造的?

道德是普遍的还是相对的?

女性如何在婚姻生活中保持自我?

成功是可以通过努力实现的吗?

现代人比古代人更幸福吗?

你觉得人在什么情况下会出现斯德哥尔摩综合征?

一切偶然都是必然。对这句话你怎么看?

你被困在"信息茧房"了吗? 如果是, 你准备怎么打破它?

你认为未来中国的教育会有哪些变革?

如果可以改变一种社会制度,你会选择改变什么?

造谣一张嘴,辟谣跑断腿。你怎么看这种现象?

你相信光吗?

你觉得爱情重要吗?

你对婚姻的看法。

你会如何处理电车难题?

关于吊桥效应,你想说……

你对什么人和事有刻板印象吗?这种印象是否有失公允?

你相信"人定胜天"吗？为什么？

人不能两次踏进同一条河流，但是能……

你曾经关注的意见领袖人设崩塌了，讲述此事并分析前因后果。

真相只有一个。真的是这样吗?

一叶障目,不见泰山。

人生就是一期一会。

先有鸡还是先有蛋?

真理掌握在少数人手中吗?

你怎么看"救急不救穷"?

"难得糊涂"有道理吗?

图书在版编目（CIP）数据

668个可写的梦 / 姜涵著. -- 北京：北京联合出版公司, 2025.1. -- ISBN 978-7-5596-8088-4

Ⅰ. H15-49

中国国家版本馆CIP数据核字第20244267TC号

668个可写的梦

著　　者：姜　涵
出 品 人：赵红仕　　责任编辑：李艳芬
封面设计：昆　词

北京联合出版公司出版
（北京市西城区德外大街83号楼9层 100088）
天津中印联印务有限公司印刷　新华书店经销
字数138千字　787毫米×1092毫米　1/32　8印张
2025年1月第1版　2025年1月第1次印刷
ISBN 978-7-5596-8088-4
定价：38.00元

版权所有，侵权必究
未经书面许可，不得以任何方式转载、复制、翻印本书部分或全部内容